Début d'une série de documents en couleur

COUVERTURES SUPERIEURE ET INFERIEURE D'IMPRIMEUR

8Z9934

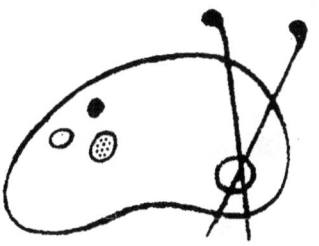

Fin d'une série de documents en couleur

à Madame Delisle
hommage de dévouement
Samuel Berger.

UNE BIBLE FRANC-COMTOISE

EN L'AN 1500.

La Bible française n'a pas été rare au moyen-âge. Les grands seigneurs, amateurs de livres richement décorés et reliés avec luxe, la recherchaient à tout prix, et les dames aimaient à la mettre en tête de leur collection de « romans », c'est-à-dire de livres en français. La Franche-Comté est loin d'occuper le premier rang au nombre des provinces dans lesquelles la Bible a été traduite et copiée : ses bibliothèques ne nous ont sans doute pas encore livré leurs trésors. Mais la seule Bible franc-comtoise qui soit connue jusqu'ici présente un tel intérêt, qu'elle nous a semblé mériter une étude spéciale. Aucune Bible, en effet, ne nous permet mieux que celle-là de contempler le tableau attrayant de la vie religieuse dans une famille noble de la fin du moyen-âge. Ce tableau de mœurs nous est présenté par les deux beaux volumes, provenant de Saint-Germain-des-Prés, qui sont conservés au fonds français de la Bibliothèque Nationale sous les numéros 15370 et 15371.

Ces deux in-folio sont décorés avec luxe, mais dans le style de la décadence; leurs cent miniatures n'ont rien qui doive nous arrêter, mais les beaux et riches ornements qui encadrent les pages ont conservé, parmi les fleurs et les oiseaux qui y sont figurés, le nom des personnages pour qui la Bible a été exécutée. Sous le frontispice, où est peint le Père éternel dans sa gloire, au milieu de ses anges, avec l'enfer sous ses pieds, nous voyons un écu « d'azur, à l'aigle d'or », porté par deux enfants nus, et en tête du deuxième volume les mêmes armes, parties du blason : « d'or à la bande vivrée d'azur ». En beaucoup d'endroits nous lisons ces deux noms, écrits d'une belle majuscule richement ornée : « Simon de Rye, Jehanne de la Baume », ainsi que les mots « Jhesus, Maria », les initiales S et J reliées par un lacs d'amour et la devise : « En Dieu te fie, il fault morir ».

Les deux volumes sont écrits dans le dialecte de la Franche-Comté, ou plutôt dans un langage franccomtois qui se rapproche du dialecte lorain, et tel qu'on devait le parler dans les parties de la province qui touchaient à la Lorraine, dans les environs de Lure et de Luxeuil.

La Bible de Simon de Rye et de son épouse est une *Bible historiale,* c'est-à-dire à la fois plus et moins qu'une Bible complète. Voici ce que signifie ce nom : Au milieu du XIIe siècle, le doyen du grand chapitre de Troyes, Pierre *Comestor,* ou le Mangeur, avait composé une sorte d'Histoire-Sainte qu'il avait appelée l' « Histoire scolastique. » Ce livre étrange, l'un des plus remarquables que le Moyen-Age ait produits, joignait à un résumé des récits bibliques toute espèce d'extraits de Josèphe et des historiens profanes, et entremêlait l'histoire de fables et de légendes fort curieuses, d'allégories et d'étymologies dans le goût du temps. En l'an 1291, un chanoine d'Aire en Artois, Guyart Desmoulins, entreprit de mettre cette œuvre en français; mais au lieu de traduire textuellement l'Histoire scolastique, il joignit le « texte » à l' « histoire », c'est-à-dire qu'il fit chaque fois précéder les développements de Pierre le Mangeur des paroles mêmes de la Bible. Son œuvre, qu'il avait appelée la « Bible historiale », c'est-à-dire historique, fut presque aussitôt traduite du dialecte picard dans le français de Paris, mais en même temps elle recevait une addition des plus importantes. Les libraires de Paris, en effet, eurent l'idée de combiner la Bible historiale avec une traduction textuelle de la Bible, qui circulait dans l'Université depuis cinquante ans. Ils retranchèrent de la Bible de Guyart l'Harmonie des évangiles, le récit des Actes des Apôtres et les légendes, telles que l'Histoire de la Vraie Croix et la Vie de Pilate, qui la terminaient, et à la place de ces morceaux ils mirent le livre de Job et le Psautier, les livres de Salomon, les Chroniques et les livres d'Esdras, les Prophètes, les deux livres des Machabées et le Nouveau-Testament, le tout traduit textuellement et accompagné par endroits de quelques commentaires, du reste assez insignifiants. Telle que la librairie parisienne l'avait complétée, la *Bible historiale* a joui, pendant le XIVe et le XVe siècle, d'une immense faveur. Les exemplaires en étaient copiés avec le plus grand luxe, enluminés avec goût, reliés à grands frais, et ils ornaient la bibliothèque des plus grands châteaux. Le roi Charles V, les ducs d'Orléans, de Bourgogne et de Berry, et tous les grands seigneurs du royaume avaient formé de véritables collections de Bibles *historiées*, c'est-à-dire décorées de riches miniatures, que les marchands lombards leur vendaient à des prix inouïs. L'amour de la Bible, à la fin du XIVe siècle, était devenu affaire de fantaisie bien plus que de religion. Le XVe siècle continua la tradition du règne de Charles VI, et la Bible y fut peut-être souvent recherchée plutôt pour ses peintures que pour le texte sacré. Le chevalier franc-comtois dont nous possédons la Bible semble avoir fait exception aux dispositions mondaines de son temps, car sa Bible est une œuvre toute personnelle et fort différente de celles que l'on copiait d'ordinaire; c'est un livre de luxe, sans doute, mais une Bible de famille s'il en fut jamais.

Notre Bible ajoute, en plusieurs endroits, aux courtes gloses dont est émaillée l'ancienne traduction, des commentaires beaucoup plus étendus et qui ne se retrouvent dans aucun autre manuscrit. Ces applications religieuses sont dans le goût des *moralités* du temps; on en jugera par l'extrait du psame CII (CI de la Vulgate) que nous allons donner, et qui est en partie une imitation libre d'un passage de saint Augustin. J'écris le texte en italique et le commentaire en caractère ordinaire.

« *Sire, exsaulce mon oroison, et ma clamour viengne a toy. Ne destornez mie la faice de moy; en quelcunque jour que je aye tribulation, encline a moy l'oreille. En queconque jour que je t'apelleray, essaulce moy isnellement. Car mes jours ont faillir si comme la fumée,* que tantost trespasse, *et mes os sont sechiez si comme foin, et mon cuer soichait, car je ay oblier a maingier mon pain.* Notez que nos premiers peres Adam et Eve oblierent a maingier leur pain en paradis quant ilx trespasserent le commandement de Dieu. *Mon os se adhert a ma chars de la voix de mon gemissement. Je suis semblauble au pellican du desert et suis comme la chevotte ou hault de la maison.* Notez que ycy est la voix de Jhesucrist. Le pellican est ung oysel que habite aux lieux desers ou nulx homme ne habite, lequel, comme les phisiciens dient, occit ses poucins après ce que ilx sont nez. Mais au tier jours il se fiert de son Lech ou costel, et ainsy par son sang les resuscite et norrit... Semblaublement Jhesucrist, pour la reparation de l'umain lignaige, prist chars et habitait ou desert de ce monde... Semblablement, pour la reparation, il fut fait comme chevotte, c'est a dire qu'il amat la mort... La chevote est ung oisel qui aimme la nuyt et volle tousjour de nuit et non mie de jour, et habite en halx des maisons; pourquoy ici Jhesucrist dit meismement : je habite en hault de la maison, c'est assavoir entre les pharisiens... Ou, se nous volons faire de ce mot *domicilium* ung mot composés de *domus* que veult dire maison et *cado, cadiz*, que veult dire cheoir, pour ce que cel oysealx habite volontiers aux maisons desertes, nous dirons que Jhesucrist habitait en la maison que devoit cheoir... *Et suis faiz comme la chouette,* c'est a dire hayneux a tous, car on dit que quant cel oysealx chante par nuit, que il signifie la mort d'aucun, et pour ce il est hayneux a tous; parailement Jhesucrist fut en la hayne des Juifz, et tenoient toutes ses paroles escommeniées et maldictes. *J'ay voilliers et suis faiz comme le passeret solitaire en toiz.* Notez que ces oysel souventefois vont deux et deux et non mie ensemble, » etc.

Les notes dont Simon de Rye a fait enrichir sa Bible ne sont pas toutes d'un caractère religieux. Quelques-unes, comme celles qui accompagnent le livre de Job, ont trait à l'histoire naturelle. L'Ancien Testament, en effet, a été le principal maître d'histoire naturelle du Moyen-Age. Quelques passages de saint Grégoire et d'Isidore de Séville, le *Physiologus* et le *Lapidaire*, et un petit livre fort bien fait qui est intitulé *de Natura Rerum*, ont formé jusqu'à la Renaissance le plus clair de la science de la nature dans nos pays. On jugera des connaissances naturelles qui avaient cours dans les châteaux au XV⁰ siècle par les quelques extraits qui vont suivre. Je corrige une ou deux fautes de copie évidentes, mais sans rien changer à l'orthographe du manuscrit.

Job, xxxix, 1 : « *Ybices* (ce sont les chamois) sont manieres de bestes salvaiges, que des grecz sont appellées *dorcades*, et habitent en tres haulx lieux et sy haulx lieux que a penne puellent estre vehus des yeulx humains. Et se ilx sentent aucune foiz bestes salvaiges ou hommes qui les chacent pour prendre, elles se trabuchent du hault des rouches en la forcheure de aucuns arbres et en qui demourent pendus par leurs cornes... » Job, xxxix, 10 : « Unicorne, que par autre non se nomme rinoceron, est une beste a quatre piedz et ait une seule corne ou front, et quelconque chose qu'il en attent (atteint), ou il le balance a terre, ou il le tresparse, et est ennemis de le eliphans, car il le parse (perce) ou ventre et le fait acheoir et est de si grant force que ne puet estre prins par nulx ars du veneurs. Ceulx que ont escriptz des natures des bestes [dient] que quant on le velt prendre, l'ont fait orner une pucelle et s'en vient au lieux ou il ait acostumer de converser, et estent son gyron, et quant le unicorne le sent, il s'en vient et met jus toute sa crualter et met son chef [sus le gyron] de la vierge et puis s'endort et einsy le prent on. » Job, xx, 16 : « Aspiz est ung petit serpens et le vipere est de plus long cors. Les aspis font oef et des oef viennent leurs faons. Et les viperes, quand elles concevent leurs faons, se corroucent ou ventre de leur meres et rompent les costez de leurs meres et partent du ventre. Ainsy naist le vipere par violence (1), et vint fuer et occist sa mere. Donc par les petiz aspiz sont signifiés les temptations rescondues des mauvais esperis que subravissent par petite temptation les cuers des hommes et par la langue de la vipere. » Il serait difficile de dire exactement à quels auteurs le compilateur de ce commentaire a emprunté tous ces détails. Une partie est certainement puisée dans ce répertoire universel, la *Glose ordinaire* et *interlinéaire*, qui entassait, sur les marges des Bibles glosées, d'innombrables citations des Pères de l'Eglise. Mais notre commentateur a eu d'autres auteurs entre les mains et il en a usé fort librement.

Pour donner une idée du style de la Bible même, je citerai ici le psaume Ier, en le dégageant des commentaires qui l'allongent, et le commencement de la parabole de l'enfant prodigue :

« Bieneurés est ly homs que n'ala pas ou conseil des felons (2), et que ne se tint pas en la voie de pechieurs, et que ne se seist pas en la chaiere de pestilence. Mais sa volonter est en la loy de Dieu, et en la loy d'iceluy penserait par jour et par nuit. Et il sera comme le feust qu'est planté dejouste le decours des eaues, qui donrait (3) son fruit en son temps, et sa fuille ne charrait pas, et tout ce que il ferait serait tous jours en prosperiter. Les felons ne seront mie en telle maniere, maiz ainsy comme la

---

(1) *Quasi vi pariens (Glose interlinéaire).*

(2) Ainsy comme Adam, que consentit a sa femme deceue du serpent, par quoy elle trespassait les commandements de Dieu *(c'est la Glose interlinéaire).*

(3) *Donrait, charrait, ferait,* pour *donra, charra, fera.*

pouldre que le vent lieve de la faice de terre (1). Et pour ce ne resleveront mie les felons au jugement, ne les pecheurs au conseil des justes. Pour ce ait cogneu Notre Sire la voie des justes, et la voie des pecheurs perirait. »

Cette traduction des Psaumes diffère fort peu de celle qui, sous diverses formes, a circulé en France pendant tout le Moyen-Age. L'histoire de l'Enfant prodigue est de même, comme la Bible presque entière, empruntée, avec certaines modifications, à la version courante et ordinairement usitée :

« Ung homme estoit qui avoit deux filx. Le plus jeune dit a son pere : Pere, donne moy ma portion de la substance que me appertient. Et le pere ly divisait sa substance et donna a chascun sa part. Et dedens brief temps, toutez chosez mises ensemblez, le plus jeune fil alait hors du pahis en loingtainne region et despendit illec toute sa substance en vivant luxurieusement avec les folez femmes. Et apres ce qu'il ot tout despenduz, il fut grant famine en celle region. Lors commençait il a avoir souffraite, et ala et se eslouha a ung des citiens de celle region et il envoiait en sa ville pour pastre les porceaux, et il couvoitoit a emplir son ventre des racines que les porcealx maingoient, et nulx ne ly donnoit. Et il, repairant a soy meisme, dit : O tant de sergens ont habondamment de pain en la maison mon pere, et je periz yci de fain ! Je me levera d'yci et yray a mon pere, et ly dira : Pere, j'ay pechier devant Dieu et devant toy, ne je ne suiz mie digne d'estre appellez ton filx, maiz faiz moy sy comme ung de tez sergens mercennaires... Et il se levait et

(1) La terre est icy prinse la staubletey qu'est en Dieu (note de saint Augustin, citée par la *Glose ordinaire*)...

vint a son pere. Quant il estoit encore loing, son pere le vit et ly cheyst sur le col et le baissait; et son filx ly dit : J'ay pechiez devant Dieu et devant toy, je ne suiz mie digne d'estre appellez ton filx. Lors dit le pere a ses sergens : Aportez tantost la premiere roube et le vestez et li mectés le anel en sa main et chaulcement en ses piedz, et amenez le graiz veals et le occiez et maingons et faiçons feste, car cestui mon filx avoit estez mors et est resvescuz, il estoit perduz et il est retrouver... »

La Bible de Simon de Rye ne s'arrête pas au texte biblique. Elle contient, en outre de l'Ancien et du Nouveau Testament, certains morceaux liturgiques et un catéchisme. Dans les *Bibles historiales,* en effet, le Psautier n'est pas celui de la Bible, mais celui de l'Église ; les psaumes y sont ordinairement accompagnés des cantiques, tirés de l'Ecriture Sainte, qui figurent aux offices, du Symbole d'Athanase et de la litanie. La litanie, dont nous voulons parler en ce moment, commence par ces mots : « Sire, oye nous. Jhesucrist, oye nous. Dieu, pere des cielx, oye nous. Filx de Dieu, Redempteur du monde, oye nous. Dieu Saint Esperist, ayes merci de nous. » Aussitôt après les saints innocents sont invoqués divers saints locaux :... « Saint Ursin, prie pour nous... saint Estienne, saint Agapite, saint Ferreul, saint Fergeul, saint Germain, saint Antide, saint Line, prie pour nous... Saint Legier, saint Laidre, saint Gengoul, saint Desier, saint Benigne,.... saint Queintin,... saint Colombain, saint Walbert, saint Deile, saint Nycholas, prie pour nous... » Je n'ai pas besoin de faire remarquer au lecteur franc-comtois que ces saints sont ceux du diocèse de Besançon. Voici la fin de la litanie ; c'est cette même prière que l'Eglise

catholique récite encore dans chacun de ses offices, que Luther a traduite en allemand et qui figure, modifiée suivant les besoins du culte protestant, dans un grand nombre de liturgies protestantes :
« Filx de Dieu, nous prions que tu nous oyes. Agnealx de Dieu, qui ostez les pechiers du monde, aie de nous mercis. Agnealx de Dieu, esparne nous, Sire. Agnealx de Dieu, donne nous pas (paix). Sire, aye mercis de nous. Jhesucrist, aye mercis de nous. *Pater noster... Et ne nos... Sed libera...* Sire, oye m'oroison, et m'oroison viengne a toy. Prions :

« Sire Dieu Jhesucrist, piteux et oyauble, nous requerons, supplians ta debonaireter, que tu, par les merites et intercessions de la bonoite Vierge Marie et de tous les saint anges, archanges, patriarches, prophetes, apostres, martis, confès, vierges et tous les esleuz et citiens de la court celestialx, tu acroisses foy à ton eglise catolique, tu donnes pas (paix) a ceulx que nous gouvernent et nous ottroie remission et indulgence de nous pechiés, aux malaides santer, a ceulx que sont lassés recuperation de ais, et commodités a ceulx que naigent (naviguent), aux fealx que sont en pelerinaige prosperiter de leurs voie et venir a port de salut; a ceulx que sont troublés joie, a ceulx que sont oppressez relevement, aux chatif remission, aux enchartrés absolution et aux pelerins reparement au pays tu veulles outroyer. Amen. Il te plaise de donner debonnairement a nous ycy et en tous lieux ton saint ange, garde et defense, chariter mutuelle a ceulz qui sont en desacort, aux fealx vraie foy et aux fealx trespessés vie et repos perdurauble, tu qui regne avec Dieu le Pere et le Filx et le Saint Esperist au siecle des siecles. Amen. »

Aussitôt après la litanie vient un petit traité qui

n'a pas de titre, mais qui n'est pas autre chose qu'un catéchisme. Il commence par ces mots qui en marquent la division : « La loi escripte contient trois choses, les *commandementz, sacrementz* et les *promesses,* » mais le seul sacrement dont il soit question est la communion, et le décalogue est le seul point qui soit traité avec quelque développement. Les explications dont le décalogue est accompagné sont assez vulgaires et ne méritent pas un examen particulier; c'est pourquoi nous ne donnerons que le texte des dix commandements :

« Ecoute, Israël, ton Dieu est ung soul Dieu, tu le adorerais et le servirais a luy soul. — Tu ne adoreras point de dieu estrainges devant moy. Tu ne faindras aucune ymaige, ne aucune semblance de chose que est on ciel desus et que est en terre bas, ne aussy des choses que sont aux eaues soub la terre. Tu ne les adoirerais pas, ne ne cultiveraiz. — Tu ne prendras mie le nom de ton Dieu en vain. — Souviengne toy que tu saintifie le jour du sabbat. — Honnoure ton pere et ta mere, pour que tu vive longement sur la terre que Nostre Sire t'a adonner. — Tu ne occiras pas. — Tu ne feraiz pas fornication. — Tu ne feraiz pas larcin. — Tu ne porteras pas falx tesmoignaige contre ton prouchain — Tu ne couvoiteras pas la maison de ton prouchain, ne sa femme, ne sa ancelle. » (Le dernier paragraphe forme ensemble, selon la division qui est encore celle de l'Eglise catholique et qu'a modifiée Calvin, le neuvième et le dixième commandement),

Après l'explication du Décalogue, on lit une allégorie sur le repas pascal, appliquée à la Sainte-Cène, et un petit manuel de morale intitulé : « Les XII abusion du siecle » : « La premiere est le saige sans oeuvre, le vieillars sans religion, le jeune homme sans obeissance, le riche sans almone, la femme sans chastetey, seigneur sans vertu, crestien contencieux, le povre orgueilleux, roy felon, avesque negligent, peuple sans discipline et peuple sans loys : par ceulx est soffoquée justice... » On voit que toutes les classes de la société et tous les états de la vie ont leur chapitre dans ce petit traité des devoirs, dont le dernier mot est : « ou siecle advenir. »

Le Notre-Père n'est pas compris dans le Catéchisme, néanmoins, comme il est traité avec un soin particulier dans les Évangiles, où il est accompagné d'un commentaire qui ne se trouve dans aucun autre manuscrit, je le transcrirai ici :

« Nostre Pere qui es ou ciel (1), ton nom soit santifier (2). Ton regne aviengne. Ta volonter soit faite en terre si comme elle est faite ou cielx. Donne nous nostre pain de chascun jour, et nous pardonne noz pechiez, si comme nous pardonnons a ceulx qui noz meffont, et ne nous mainne mie en temptation, mais nous delivre de mal. Amen. »

Le catéchisme que nous venons de décrire n'est assurément pas sans intérêt par lui-même, mais ce qui nous frappe le plus en lui, c'est que c'est le seul exemple, connu jusqu'à présent, d'un catéchisme joint à la Bible. Sans doute, on rencontre assez souvent les *Sommes des vices et des vertus* (c'est le nom que portait ordinairement le Catéchisme) copiées avec la Passion de Jésus-Christ ou avec

---

(1) Cil qui dit le *Pater Noster* doit bien veoir que il soit digne de avoir si grant Pere.

(2) C'est a dire qu'il soit tenuz sy saint de touz que riens ne soit plus saint creuz...

divers livres isolés de la Bible (1), mais ici nous avons une Bible complétée par la confession de foi, la litanie et le catéchisme. C'est ainsi que, du XVIe au XVIIIe siècle, les Réformés de France ont constamment pratiqué l'usage de relier à la suite de la Bible la Confession de foi, la Liturgie et le Psautier. Pour eux, la Bible était le livre par excellence, le livre du culte de famille aussi bien que du culte public; elle devait donc comprendre tous les éléments de la piété et de l'édification. Il est certain que la pensée des Réformés a déjà été celle du seigneur de Rye. Sa Bible n'est semblable à aucune autre. Il est permis de croire, jusqu'à preuve du contraire, qu'elle a été composée avec soin (on pourrait dire avec amour) par un père de famille pour l'instruction de ses enfants. Les prières, le catéchisme, l'histoire profane des temps bibliques et la légende, l'histoire naturelle de la Bible et le commentaire édifiant s'y rencontrent pour faire de ce livre universel une sorte d'encyclopédie de la piété domestique, une véritable *Bible de famille*.

Nul plus que Simon de Rye n'avait le droit de s'occuper ainsi de l'instruction religieuse de ses enfants. En effet, ce seigneur fut à la tête d'une des plus belles familles dont l'histoire de nos pays ait conservé le souvenir. Le Père Anselme (2) et Gui-

---

(1) Un des plus beaux manuscrits du plus célèbre des catéchismes du Moyen-Age, de la *Somme le Roi* (Bibliothèque Mazarine, n° 809), est signé d'un nom qui rappelle notre pays : « Et cist presenz livres fu finéz l'an Nostre Seigneur corant par M.·CC. quatre vinz et quinze ans, ou mois de decembre, par la main Estiene de Monbeliart, prestre, vicaire perpetuel S. Meulon (c'est-à-dire de Saint-Maclou) de Pontoise. *Deo gracias* ».

(1) *Histoire généalogique*, t. VII, p. 47 et suiv,; cf. p. 83.

chenon (1) nous entretiennent de son histoire et les manuscrits de Duvernoy (2) conservent le nom de douze de ses enfants, dont cinq filles abbesses ou religieuses. Simon de Rye, chevalier, seigneur de Rye, Dicey et Balançon, avait épousé en juillet 1497, au château de Marbos en Bresse, Jeanne, fille de Guy, seigneur de la Baume-Montrevel. Jeanne de la Baume était d'une famille où la Bible était lue; en effet, une grande et belle Bible française, qui est conservée à la Bibliothèque Sainte-Geneviève (A f. 1), porte le nom et les armes de son oncle, Guillaume de la Baume, seigneur d'Illeins, qui fut chevalier de la Toison d'Or et gouverneur des deux Bourgognes. Simon de Rye mourut le 21 juillet 1518, sa femme était morte le 14 mai 1517. On montrait, dans l'église des Cordeliers de Dôle, le superbe tombeau en marbre sous lequel reposaient les deux époux. C'est là qu'on lisait la curieuse épitaphe de cette mère de dix-huit enfants qui, en vingt ans de mariage, « connut douze fois les douleurs de l'enfantement et six fois donna le jour à des jumeaux (3). » Telle fut la famille dans la vie intime de laquelle la Bible de Simon de Rye nous a permis de jeter un regard.

Samuel Berger.

(1) *Histoire de Bresse et de Bugey*, 3ᵉ partie, p. 40.

(2) *Nobiliaire de Franche-Comté*. Communication obligeante de M. Castan.

(3) « *Quae XII puerperiorum experta labores, sexies gemellipara, duodevigenos liberos ex eisque nepotes infinitos, egregiis virtutibus insignes, in orbem terrarum profudit.* »

Extrait des Mémoires de la Société d'Emulation de Montbéliard.

MONTBÉLIARD, — IMP. ET LITH. BARBIER FRÈRES

Original en couleur
NF Z 43-120-8

www.ingramcontent.com/pod-product-compliance
Lightning Source LLC
Chambersburg PA
CBHW061617040426
42450CB00010B/2529